LES VRAIS HÉROS DE VOS ENFANTS

Ouvrage réalisé
sous la direction éditoriale de Victor LOUPAN

Si vous souhaitez être tenu(e)
au courant de nos publications,
envoyez vos nom et adresse, en citant ce livre,
aux Éditions des Presses de la Renaissance,
12, avenue d'Italie, 75013 Paris.
Et, pour le Canada,
à VUP Services Canada inc.,
1050, bd René-Lévesque Est,
Bureau 100,
H2L 2L6 Montréal, Québec.

Consultez notre site Internet :
www.presses-renaissance.fr

ISBN 2.85616.951.1

Anny Duperey

Marraine de *SOS Villages d'Enfants*

présente

LES VRAIS HÉROS DE VOS ENFANTS

textes rassemblés par Cécile B. Loupan
grâce à l'initiative d'*Éveil & Jeux*

et avec le chaleureux soutien de

Sœur Emmanuelle

Les enfants qui ont écrit ce livre offrent leurs droits d'auteur à

SOS Villages d'Enfants

PRESSES DE LA RENAISSANCE

à Margaret Milan

ainsi qu'à tous les enfants
qui ont participé au concours
et dont les témoignages n'ont pas
pu être publiés dans ce livre,
mais qui s'unissent spirituellement
à cette belle aventure.

Je suis heureuse de vous présenter ces dessins et textes merveilleux des enfants qui ont bien voulu nous faire partager leur émotion, leur admiration – leur espoir, peut-être ?

Heureuse en tant que marraine de SOS Villages d'Enfants, mais aussi touchée à titre personnel.

En effet, lorsque j'avais 12 ou 13 ans – l'âge des grands choix fondamentaux – j'entendais dire autour de moi que pour réussir, il fallait « jouer des coudes », ne pas hésiter à « marcher sur les autres », se « défendre bec et ongles », développer une agressivité et un sens de la compétition sans lesquels on n'arrivait à rien.

Or, j'avais déjà reconnu que j'étais, moi, une GENTILLE... Franche, plutôt bonne camarade, dotée de fort peu de combativité, j'étais de la race de ceux qui, en principe, devaient se faire écraser par les dominateurs.

Je me promis alors que si j'arrivais à quelque chose dans la vie – quoi ? je ne le savais pas – ce serait avec mes qualités à moi, sans marcher sur la tête de personne, et sans montrer les dents.

Il me semble avoir été fidèle à ce vœu, dans ma vie professionnelle et aussi personnelle.

Alors je dis à ces enfants : « Gardez votre foi, votre espoir ! Vous avez raison de miser sur ces valeurs chaleureuses et positives : ça peut marcher ! Ça marche ! »

(Quant à nous, lisons ce livre avec tendresse et découvrons ce qu'ils attendent de nous et ce qu'ils veulent devenir.)

Anny Duperey

LA PETITE HISTOIRE DE CE LIVRE

QUAND nous avons lancé ce concours sur le site Internet d'*Éveil & Jeux*, l'idée semblait presque étrange, comme venue d'ailleurs. Nous proposions aux parents d'encourager leurs enfants à décrire leur héros : une personne de leur entourage ou quelqu'un de connu qu'ils admiraient pour sa bonté. La personne pouvait être choisie aussi bien pour sa gentillesse dans les gestes quotidiens, que pour un acte de courage généreux ou pour le sourire avec lequel elle acceptait la maladie. Les parents ont accueilli cette initiative comme une bouffée d'air pur : « *BRAVO ! Voilà qui éclaire enfin ce bien triste climat général.* » ; « *Géniale idée ! On va jouer !* » Certains étaient pessimistes : « *J'approuve votre démarche ! Continuez bien... Les enfants ont tant besoin de percevoir un peu autre chose que le mal et la violence répandus universellement autour d'eux. Rien ne semble les aider à se forger une identité de valeur, mais tout, du cinéma (même soi-disant « pour enfants ») aux informations télé, en passant par les comportements des grands frères et sœurs, ne leur donne que des modèles détestables à imiter (par exemple un grand jeu de céréales qui, au moment d'halloween, leur propose avec force conseils de devenir des petits monstres pour leurs parents...). Alors, enfin une bouffée d'oxygène pour eux ! La seule chose qui m'inquiète : trouveront-ils quelque part un modèle de bonté ?* »

La réponse des enfants a été magnifique. Ils ont répondu par un hymne à la gentillesse, et nous ont ainsi offert une surprenante radiographie de leur véritable état d'esprit.

L'idée nous est alors venue de publier un livre au profit de *SOS Villages d'Enfants* dont *Éveil & Jeux* est un donateur privilégié. Les *Presses de la Renaissance* ont accueilli le projet avec enthousiasme. Pour récolter encore d'autres témoignages, nous avons lancé un deuxième concours. Et Sœur Emmanuelle nous a fait l'honneur de nous aider. L'infatigable jardinière du cœur de l'homme a encouragé les enfants à participer à cet éloge de la bonté... et les récits se sont multipliés, arrivant de France, de Belgique et d'Afrique !

La réalité est plus belle que les rêves, quand on la regarde avec le cœur. C'est ce que nous apprennent tous les enfants qui participent à ce livre. Que ce soit dans la joie de vivre ou dans le malheur, les récits et les dessins expriment, tous, l'amour. Grands-parents et parents, oncles et tantes, cousins et frères, amis rayonnants et professionnels dévoués, bienfaiteurs obscurs ou illustres, c'est une véritable galerie de portraits qui nous est offerte pour ranimer notre foi dans le cœur de l'homme.

C'est alors que nous avons eu la joie de voir Anny Duperey prendre ce livre sous sa houlette. Elle qui a perdu ses parents de manière dramatique dans sa petite enfance et a beaucoup souffert d'avoir ensuite été séparée de sa sœur, elle qui fête ses dix ans de fidélité envers *SOS Villages d'Enfants,* est l'ambassadrice de cœur des vrais héros de vos enfants.

Enfin pour l'équipe d'*Éveil & Jeux* qui, voici quinze ans, s'est donné pour mission d'éveiller et de protéger les enfants, de soutenir les parents dans leur tâche d'éducateur, l'ampleur prise par cette aventure est une formidable surprise. Nous avons la joie d'offrir aux parents un extraordinaire témoignage réalisé par les enfants eux-mêmes !

Cécile B. Loupan
Responsable du site
Internet d'*Éveil & Jeux*

MON PAPA
MON HEROS
Mon papa est un super papa
VOICI PAPA

Mon papa sait tout faire
Il est plein de biceps
Kg
Kg
Kg
POPEYE
Il sait jouer
aussi raquettes
avec moi
Il répare le train électrique
Mon papa est travailler
Il soigne les gens
docteur
Il prend des photos
dans
toutes les positions

Mon papa, mon héros

Mon papa est un super papa !

Mon papa est travailleur docteur. Il soigne les gens. Il arrive toujours à temps pour sauver les gens.

Mon papa est très fort : il est plein de biceps.

Mon papa sait tout faire : il sait jouer aux raquettes, il répare le train électrique, et il nage plus vite que moi à la piscine. Il prend aussi des photos dans toutes les positions

Mon papa est un vrai cadeau !

stephane, formerry.

« Mon papa, mon héros »
Stéphane Formery (7 ans) France – Villé

VILLAGE
D'ENFANTS

« Brigitte, mère SOS »

Maëlle Hébrant (10 ans) Belgique - Saint-Nicolas

J'aime ma marraine. Elle a toujours les bras ouverts pour nous recevoir et elle nous prête souvent sa maison de vacances

« Ma marraine aux bras grands ouverts »

Auriane Beurdeley (6 ans) France – Paris

« Mamie Annie »

Léane Delanchy (5 ans) France – Arsac

on Gr
l'air u
mais il
comme
l était très
fâchait jan

-père avait
peu sévère,
ait gentil
e fleur.

ans sa ferme, il faisait
tous les métiers, charpentier,
maçon, menuisier, et bien
sûr agriculteur.

ient et ne se

ais son grand bonheur était
d'être horticulteur.

l savait soigner les arbres
et faire pousser les fleurs.

n venait le chercher de loin
pour sauver un arbre malade

ans ses mains se fabriquaient
des jouets.

uand la maladie l'a
emporté, il ne s'est pas
fâché et il est mort toujours
discret et plein de bonté.

out le jardin a pleuré.

« Mon Grand-père était gentil comme une fleur »

Henri Beconne (11 ans) France – Antony

Mon tonton Raoul.

"Mon tonton Raoul je l'aime beaucoup. Il vient souvent me voir, il s'occupe de moi le mercredi des fois. Il est parti très très loin au Vietnam, pour s'occuper des gens dans un hôpital. Pendant les vacances, on va à la mer de Marseille de Tonton Raoul mais il est pas là il est au Vietnam. Mais là il est revenu et il m'a ramené un drapeau comme tous les enfants au Vietnam. C'est avec des feuilles". PASCAL - 3ans 1/2.

« Mon tonton, au Vietnam »

Pascal Sourdin (3 ans) France – Tenun

« Sœur Angélique et sœur Lucie »

Anne-Laure Huet (8 ans) France – Guadeloupe - Marie-Galante

« Sœur Angélique et sœur Lucie sont les deux personnes que j'admire le plus. Je les admire pour leur bonté envers les enfants de l'orphelinat. Je les admire depuis que mes parents vont adopter un petit garçon qui sera mon petit frère, appelé Quentin.

J'ai déjà un petit frère que mes parents ont fait comme moi, mais je suis très contente d'avoir un petit frère qui vient du Congo. Je remercie sœur Lucie et sœur Angélique qui l'ont sauvé, pour tout l'amour qu'elle lui ont donné. »

« Jésus, mon héros »

Sophie Rabuteau (7 ans) France – Sainte-Marie-sur-Mer

« Jésus est incroyable, il a guéri un lépreux (c'est quelqu'un qui perd un bout de peau).

A un mariage, il a transformé de l'eau en vin, encore plus bon que celui d'avant.

Avec ses amis, il est allé à la mer. Il s'est mis à faire une tempête. Ils ont crié! Il a dit : "Qu'est-ce qu'il y a? Pourquoi vous inquiétez-vous?" il a dit "du calme" et tout s'est arrêté.

Il a fait des miracles.

Il m'aide tous les jours : quand je suis pressée d'aller en récréation, il avance l'heure : je le supplie, et hop, c'est l'heure de la récré!

J'ai envie de lui rendre des services, tellement il est gentil.

Quand on aide son papa ou sa maman, ça aide Dieu parce qu'il a moins de choses à faire.

Il est Notre père. Tout le monde l'aime beaucoup. Je croirai toujours à lui. »

« Super-Mémé au Mali »

Yann-Alexandre Soubai (10 ans) France – Clichy

Super-Mémé au Mali

« Madame Juen
Atteint ses 80 ans
Ses cheveux ont grisonné
Son visage est plissé

Ses lunettes sont trop lourdes
Elle est un peu sourde
Elle a rapetissé
Sous le poids des années.

Elle assure pourtant de grandes fonctions
Elle préside une association
Elle construit des écoles, des dispensaires
Sur de pauvres terres
Elle transmet son savoir
A des femmes noires
Elle fait venir l'électricité
Pour que les Maliens puissent s'éclairer
Et elle ne fait pas que cela...
Pour le village de Samantara

Elle rencontre des obstacles
Mais, elle fait des miracles.

Un village du Mali est sauvé
Par Super-Mémé. »*

* Ce poème décrit Mme Christiane Juen,
vice-présidente de l'association non gouvernementale (ONG)
« Bénévoles franco-maliens pour l'aide au développement du village de Samantara »

VIVE LE MALI

Ma petite soeur est une véritable petit ange : elle est toute blonde avec de beaux yeux bleus. Elle se prénome Iris, ce qui est assorti à la couleur de ses yeux. Il y a 3 mois, on a découvert qu'elle avait une leucémie. Cela m'a paru très injuste à 2 ans et demi. Elle a du être hospitalisée 6 semaines, seul dans une chambre stérile. Depuis qu'elle est revenue à la maison, elle est de nouveau toute gaie, nous fait beaucoup rire et nous distribue ses bonbons. A l'hôpital, les infirmières sont devenues ses copines. J'admire beaucoup son courage.

Camille

« Ma petite sœur... »

Camille Merle (11 ans) France - Joué-lès-Tours

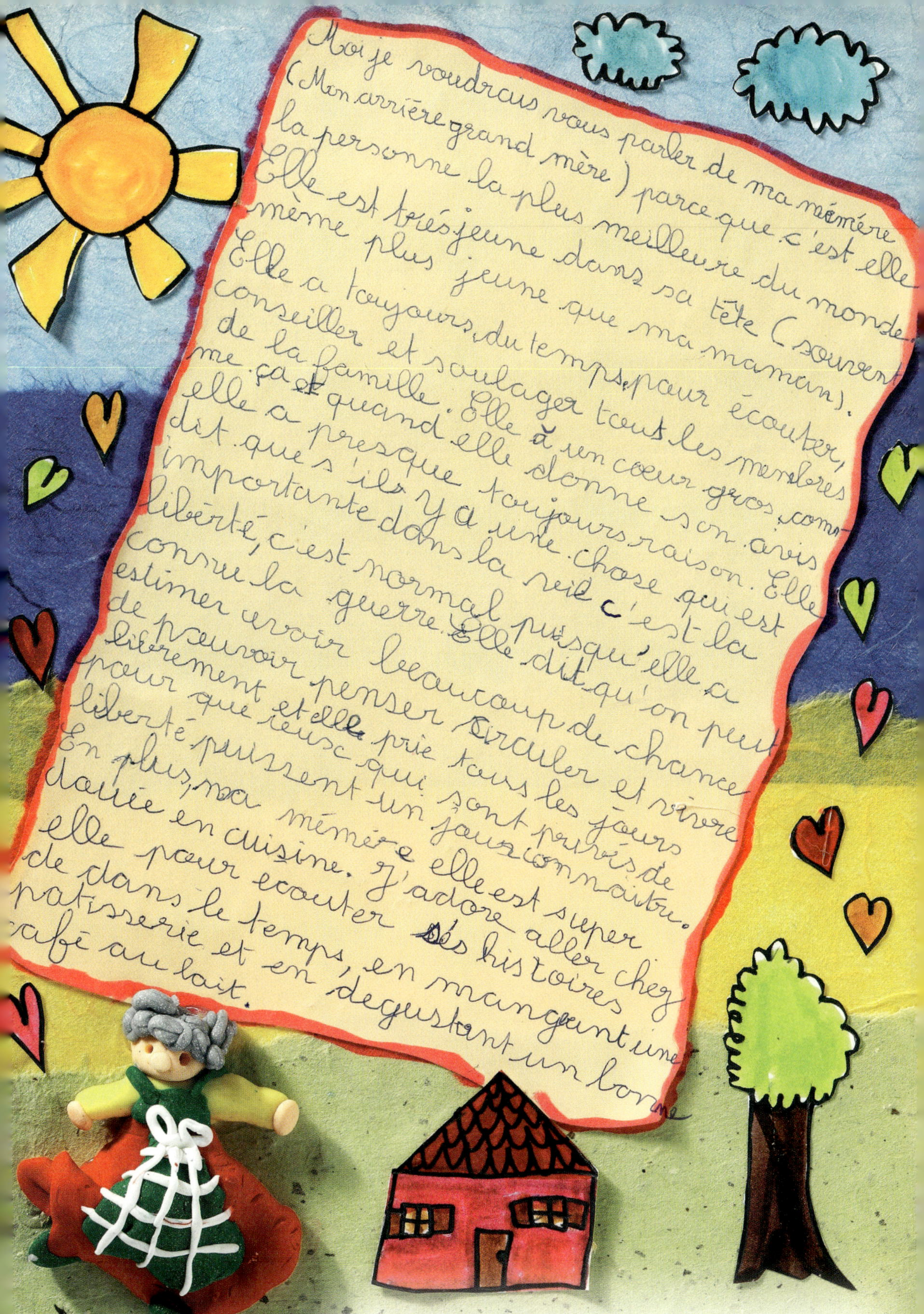

« Mèmère, mon arrière-grand-mère »

Martin Talon (8 ans) France – Villé

« Tante Yvonne »

Sophie Druenne (11 ans) Belgique – Nivelles

« J'admire ma grand-tante pour sa bonté.

Toute petite de taille et toujours souriante, elle aime chacun de ses 23 petits-neveux et nièces avec tendresse, n'oublie aucun anniversaire et est présente lors de chaque fête de famille.

Quand elle perd aux jeux, elle garde quand même son sourire : elle est contente pour celui qui gagne. Elles pense aux autres d'abord et elle est toujours prête à rendre service.

Professeur de mathématiques retraité, elle aime ses anciens élèves et leurs enfants auxquels elle donne des leçons gratuites.

Elle dactylographie gratuitement des travaux de fin d'études pour des étudiants pauvres.

Elle est secrétaire bénévole d'un vieux curé.

Elle pense aux personnes seules âgées ou handicapées, et elle les aide. Elle prie pour tous ceux qui lui sont chers.

Elle est comme un papillon qui vole de fleur en fleur, de gentillesse en gentillesse. »

« Yaba, le supporteur des Aigles »

Sidy Sangaé (13 ans) Mali – Sanankoroba

« Massaba Doumbia, la vieille thérapeute »
Iékou Coulibaly (12 ans) Mali – Sanankoroba

« Grand-père Ouatara »

Ichaka Ouatara (12 ans) Mali – Sanankoroba

« Le père Kadri »

Youssouf Traoré (12 ans) Mali – Sanankoroba

« Adama Diarra, le forgeron »

Madou Samaké (14 ans) Mali – Sanankoroba

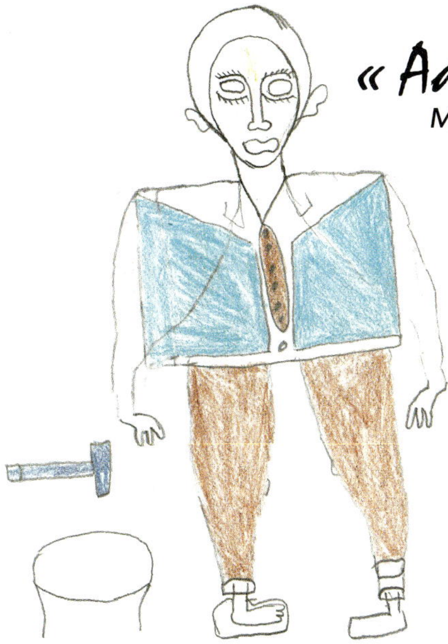

C'ést Adama Diarra
J'ai designé Adama parceque il ma raconte des contes.
Son travail est de forgeron, Adama donne tout ce que je demande il respect les gens et c'est un bon forgeron
C'ést l'ami de mon père. Le forgeron de tout le monde.

« Mamadou Diallo, mon ami »

Tiéba Coulibaly (7 ans) Mali – Sanankoroba

Tieba Coulibaly je suis en 1ère année.
C'est mamadou Diallo il est mon ami
il n'est pas violent quand nous jouons.

Je renonce à tout droit d'auteur.

« Raoul Follereau »

Kabimé K. Diakité (14 ans) Mali – Sanankoroba

J'ai dessiné mon frère parce qu'il est très gentil.
On parle football ensemble, on partage la même passion. Il me donne beaucoup de choses et il joue avec moi.

« Mon frère »

Mohamed Bsikri (8 ans) France – Villeneuve-la-Garenne

« Ma cousine Aurélie »

Margaux Glesser (6 ans) France – Morsbronn-les-Bains

« J'aimerais te parler de ma cousine Aurélie, elle est mon héros à moi! Aurélie n'est pas comme les autres, elle n'a pas eu beaucoup de chance, car, depuis qu'elle est petite, elle est polyhandicapée, quel mot difficile à prononcer pour moi!! Ca veut dire tout simplement qu'elle n'arrive pas à faire les choses comme les autres, car son corps ne peut pas le faire.

Aurélie a aujourd'hui 12 ans, elle ne parle pas, ne marche pas, elle est assise dans une coquille qui est mise dans un fauteuil roulant. Je l'attache avec une ceinture pour qu'elle ne tombe pas. Je la promène dans son joli fauteuil bleu, car elle ne peut pas se promener toute seule.

Aurélie est restée toute petite, elle est aussi grande que moi qui ai 6 ans! Elle ne peut manger toute seule, ni aller au WC, elle porte encore des couches...

Aurélie est vraiment différente!! mais je l'aime, car elle sourit toujours, elle aime la vie, elle crie par moment mais de joie! Elle frappe souvent dans ses mains, quand elle entend de la musique (ce qu'elle aime vraiment!!!).

Durant la semaine, Aurélie habite dans une grande maison où il y a des enfants comme elle. Là encore, Aurélie 'anime' les journées, elle cherche le contact d'autres enfants handicapés comme elle.

Elle a été opérée plusieurs fois aux hanches, elle avait de gros plâtres et devait rester couchée très longtemps. Elle est très courageuse malgré tout ce qui lui arrive. Aurélie est tombée, il n'y a pas longtemps, elle a de nouveau un os de la jambe qui est cassé. On lui a remis un gros plâtre pour que ça guérisse plus vite. Pourtant Aurélie rit, sourit, tape des mains, attrape ses ami(e) s pour jouer avec eux.

Elle croque la vie à pleine dents, elle ne râle pas pour un rien, elle est forte, courageuse, gentille, coquine, contente, câline, heureuse et je l'aime!! Elle est mon soleil à moi!! »

« L'amie de ma maman »

Claire Zanardo (5 ans) France – Jarny

« Je ne sais pas écrire alors c'est Maman qui écrit pour moi.

J'ai réfléchi à la personne que je trouvais la plus gentille, et je pense que c'est Evelyne, une amie de ma maman.

Evelyne, c'est la plus gentille, parce qu'elle a toujours le sourire et pas seulement avec les gens qu'elle connaît bien.

Elle discute toujours avec tous les gens qui ont besoin de discuter, alors elle discute beaucoup.

Elle aide toujours les gens comme elle peut dans la vie de tous les jours et aussi quand on lui demande de l'aide pour faire quelque chose de spécial.

Maman dit qu'elle est de bonne volonté. Elle est gentille tous les jours avec tout le monde. C'est un rayon de soleil. Et c'est vrai que l'on est toujours heureux à côté d'elle.

Si tous les gens étaient aussi gentils qu'elle, ça serait drôlement bien ! il n'y aurait pas de méchants qui font du mal ou des gens qui ne s'intéressent pas aux autres.

Et puis elle est gentille, alors je l'aime bien.

Et en plus elle est belle ! »

« Mon grand héros… mon papa »

Emilie Mayer (11 ans) France – Saint-Denis

MON PAPA et MON
HERO MON GRAND
HERO PARCEQUE iL
ME FAIS BIEN RIRE Et tout
les MAtiN iL à LES cheveux EN
PÉtARE Et ONt Lui Dit COiFE
toi tu tES PEiNGNE avec
UN PEtAR MES PAS AVEC
UN PEINGNE

EMILIE

« Mon papi est sauveteur »

Alexis Leray (8 ans) France – Le Croisic

« Le dessin que j'ai fait représente mon papi, il est sauveteur en mer. J'habite au bord de la mer, en Loire Atlantique plus précisément au Croisic, c'est un joli port de pêche.

Malheureusement il arrive des accidents en mer, alors les gens qui se trouvent en danger sur leur bateau lancent des fusées de détresse pour que l'on puisse leur porter secours.

Alors là, mon papi est mis au courant avec un petit appareil qu'il porte toujours sur lui (qui fait bip bip). Avec tout l'équipage, ils partent porter secours, mais des fois je suis inquiet, car il y a tempête et j'ai peur que mon papi soit en danger aussi. »

« Mémé Andrée est un véritable soleil »

Nicolas Piasecki (12 ans) France – Saint-Sorlin-de-Conac

« Mémé Andrée est un véritable soleil pour moi et mes frères. Elle a une passion des fleurs et elle aime bien nous les montrer, nous expliquer comment les soigner, quand les planter.
En plus, elle est active dans notre petit village en tant que présidente d'un club de troisième âge. Tous les mois, elle organise une réunion où tout le monde se retrouve pour jouer aux cartes, discuter. Quand il y a un loto, j'aime bien l'accompagner et aussi aux voyages. »

Ma Maman.

Elle est très gentille, elle véille sur mói et elle essoie de faire ce qui est bien pour mói.

Elle a du courage parce que mon petit frère est mort et elle n'a pas décroisé les bras. Elle est très souvent souriante en plus elle s'ocupe des malades et elle parle avec eux, elle les écoute.

C'est vraiment une super maman!!!

« Ma maman n'a pas décroisé les bras... »

Loriane Lion (12 ans) Belgique – Genval

« Tu fais partie des anges… »

Pauline Savreux (12 ans) France – Les Adrets-de-l'Esterel

« Mon papa à moi »

Georges Michaël (5 ans) Madagascar – Toamasina

« Je n'ai pas de maman ; j'habite avec mon papa. Il est très grand, sévère, mais il m'aime très, très fort. Chaque matin, le village dort encore, sauf mon canard et mon papa. Ce dernier prépare mon riz et mon "hitoza*". »

« Après, il sort sa calèche artisanale et s'en va en chantant. Il est très costaud, très grand, très brave, mon papa à moi ; et il travaille dur même s'il a de la fièvre, car il faut que je mange bien, aime-t-il à répéter. »

« Il va au marché de Mangarivotra** et il transporte des tas de marchandises : des chaises, des légumes, des pots de fleurs, des bananes, du charbon... et il gagne de l'argent ! »

« Le soir, après le jardin d'enfants, je l'attends devant notre petite case et je crie de joie quand il arrive. Il gare dans un coin de notre cour sa belle calèche bleue, en sort du pain et du poisson. J'admire mon papa. Je veux être comme lui : jamais fatigué, tu sais, et toujours souriant ! »

Pauline

« Tata Pauline, mon héroïne.

Tata Pauline, c'est ma nourrice, elle s'appelle comme moi. Elle vient du Vietnam. Elle arrange tous les problèmes, elle s'occupe de nous quand on est malade, elle nous donne des bonbons, elle cuisine très bien, elle fait plein d'activités avec nous. Je suis toujours contente d'aller chez elle, car il y a plein de jeux et je retrouve des enfants que je connais. Elle est toujours joyeuse et de bonne humeur.

Je l'aime de tout mon cœur! »

« Tata Pauline, ma nourrice vietnamienne »

Pauline Deboffles (5 ans) France – Saint-Lambert

Schoumacker
Rachel
12 ans

Mon héroïne pour sa bonté est ma grand-mère Edith.

Ma grand-mère est mal voyante, elle a des problèmes d'oreilles et de jambes; malgré tout cela, elle garde le sourire et la bonne humeur : elle me dit souvent qu'elle va aller acheter de nouvelles jambes ou de nouveaux yeux, etx.

Un jour, ma grand-mère devait venir chez nous pour une semaine. Le matin, elle nous a téléphoné pour nous dire qu'elle souffrait énormément des jambes et qu'elle ne pouvait pas venir. Je lui ai répondu que chez nous elle aurait de l'espace pour marcher et qu'ensuite ses jambes iraient mieux. Je lui ai également proposé un essai d'une journée.

Elle s'est exclamé : « TU AS GAGNÉ ! ».

« Ma grand-mère Edith »

Rachel Schoumacker (12 ans) France – Carspach

«Ma maman fait un super métier! Elle est monitrice éducatrice et elle s'occupe de personnes qui sont handicapées. Elle travaille dans un atelier de bricolage et fabrique tout plein d'objets avec des personnes handicapées.

Elles ont beaucoup de mal à faire seules les choses, alors maman les aide en les guidant.

Elles font du collage, du découpage, de la peinture, de la pâte à sel... c'est difficile pour elles, mais maman leur montre comment faire, elle leur explique. Elles n'arrivent pas toujours à tout faire, car elles ne le peuvent pas! Leurs mains sont trop raides, elles n'arrivent pas à saisir les objets avec leurs doigts... alors elles font ensemble pour réussir!!

Très peu parlent alors c'est pas toujours facile de les comprendre, mais ma maman les connaît bien et les comprend.

Maman les emmène aussi en promenade, au cinéma, elle les fait rire et sourire...

Chapeau maman, tu fais un super métier!»

« Ma maman et l'atelier du bonheur ! »

Margot Gless (9 ans) France - Oberhoffen-sur-Moder

J'ai choisi de dessiner le docteur Tabone.
C'est le médecin qui me soigne à l'hôpital.
Je la trouve très gentille et aussi très jolie.
Elle est toujours de bonne humeur. Elle a un très jooli sourire. Quand elle me fait des piqures elle essaye de ne pas me faire mal. Elle soigne baucoup d'enfants qui ont des graves maladies.

« Le docteur des enfants très malades »

Héloïse Mélan (6 ans) France – Vernouillet

Domie et ses neveux .

Domie et ses neveux

« Domie et ses neveux »

Clotilde Dumoulin (11 ans) et Marie-Amélie Heng (13 ans) France – Grans

Domie, c'est une de nos tantes. Elle a du s'habituer à l'idée de perdre ses facultés physiques. Elle a bientôt quarante ans et depuis qu'elle a sept ans, elle est atteinte d'une maladie qui réduit peu à peu ses facultés et qui l'oblige à se déplacer en fauteuil roulant. Elle est restée mentalement très jeune. Quand elle était petite fille et qu'elle rentrait de l'école, ses camarades se moquaient d'elle car elle perdait facilement l'équilibre. Pourtant, elle le supportait avec courage. Elle a entamé des études de secrétaire dactylo, elle a même réussi à les terminer entièrement. Maintenant, elle essaie de rendre service à ses frères et soeurs en s'occupant de leurs enfants, pas toujours faciles. Elle vit près de ses parents, le plus normalement possible, en essayant de ne pas être une charge pour eux. Elle sourit et ne se plaint jamais. Son courage est admirable, car nous qui n'avons que de petites bricoles (corset, attelle genoux, chevilles, poignets...etc) nous ne pouvons nous empêcher de nous plaindre. Jamais elle ne dit un mot qui puisse faire de la peine à ceux qui s'occupent d'elle. Quand on lui écrit des lettres, ça lui fait plaisir et elle nous répond très gentiment en nous montrant toute sa bonne humeur. Elle nous sert d'exemple quand on se plaint et que ça n'en vaut pas la peine.

Marie-Amélie et Clotilde
13 ans 11 ans

« Ma maîtresse »

Angela Rvelosan (9 ans) Madagascar – Tamatave

« Les enfants de la classe sont allés se promener dans la prairie, mes deux amies se sont égarées et la maîtresse nous a laissés pour aller les chercher.

Nous étions très contents, quand elles sont revenues la main dans la main. »

« J'aime tant les pompiers »

Romain Vieira (13 ans) France – Ecouen

« Mon dessin représente des pompiers. Le pompier bénévole est synonyme pour moi de courage et d'honneur. C'est un métier où l'on fait don de sa vie pour sauver celles des autres.

Ils aiment aider et secourir, et tout le monde a de l'estime pour eux. Ils ne ménagent ni leur temps ni leur santé pour permettre à ceux qui ont besoin d'eux de s'en sortir. Ils aiment également les animaux et les sauvent, quand cela est nécessaire.

C'est pour cela que j'aime tant les pompiers. »

«Il y a une fille, Elisa, qui est assez grosse, des grosses joues et des grosses cuisses. Elle était dans ma classe. On faisait le corps humain et la maîtresse voulait montrer les côtes. Elle a demandé quelqu'un qui montre ses côtes. Elisa a levé le doigt. La maîtresse a dit : «Ah! non Elisa! sûrement pas toi! «Alors elle a pleuré, beaucoup. Un garçon s'est levé. Il a dit à la maîtresse : "Il ne fallait pas la faire pleurer. C'était méchant."

Il a bien parlé. Il a eu du courage surtout devant la maîtresse et toute la classe. Moi, je n'ai pas osé.

Cette année, je pense à ça et je crois qu'il avait raison.»

« Un garçon de ma classe »

Marie-Anne Sternenberg (9 ans) France – Rueil-Malmaison

« Pour moi, la bonté, c'est ma meilleure copine, Annaél. Elle me fait toujours plaisir quand elle m'invite à son anniversaire et qu'elle vient jouer avec moi quand je m'ennuie. Et puis elle me prête souvent ses jeux et ses cassettes vidéo. Elle est vraiment gentille avec moi.

Un jour, son petit chien César est mort, il était son meilleur ami, son doudou, celui à qui elle racontait tout. Bien sûr elle a eu un énorme chagrin, il y avait un grand vide dans la maison. Mais elle n'a pas pensé qu'à elle, car elle a passé du temps à consoler son papa, sa maman et sa grande soeur. Pour les rassurer, elle disait qu'il était là-haut dans le ciel, sur un nuage, et qu'il était sûrement très bien.

Et puis tous les samedis après-midi, elle va voir son tonton qui a une grave maladie : une myopathie. Il ne sort plus de chez lui depuis très longtemps et il aime qu'on lui rende visite. Elle lui apporte du bonheur quand elle va l'embrasser, de la joie quand elle s'assoie sur ces genoux pour jouer avec l'ordinateur et plein d'espoir quand elle lui sourit.

Pour elle, c'est son grand frère.

Son secret, sa potion magique, c'est son sourire.

Pour moi, Annaél, c'est la fée de la bonté. »

« Ma meilleure copine Annaël »

Fanny Le Coz (7 ans) France - Quimper

« Hermann Gmeiner… »

Abdoulage Dicko (14 ans) Mali – Sanankoraba

Lundi, le 7/04/2003

Concours de Rédaction pour la société française Eveil et Jeux

Nom et prénoms : Abdoulage Dicko

Âge : 14 ans (89)

Classe : 7e année

Ecole : Herman Gmeiner de Sanankeroba (Mali)

Sujet du concours : Décris une personne de ton entourage ou connue que tu admires pour sa bonté.

NB : Le héros peut être choisi aussi bien pour sa gentillesse dans les gestes quotidiens, que pour un acte généreux ou le sourire avec lequel il accepte la maladie.

« La personne connue que j'admire pour sa bonté est M. Hermann Gmeiner.

M. Hermann était un vieillard de quatre-vingt-six ans.

Il a les cheveux blancs et ses dents sont au complet. Je l'admire beaucoup, car il est bon comme tout ce que Dieu a fait et qu'il considère les problèmes d'autrui comme les siens. Il sourit à tout moment, même en cas de malheur. Il est aussi généreux et gentil, car il est le fondateur du village d'enfants SOS du monde. Il a construit plus de cent trente-deux villages d'enfants. Il y a, à peu près, deux ou un village dans un pays.

Ces villages d'enfants sont construits pour des enfants qui ont perdu leur mère ou leur père, et d'autres qui n'ont pas les moyens. C'est un endroit réservé pour les enfants déshérités.

Il a beaucoup aimé les enfants. C'est la preuve qui montre qu'il est bon, gentil et généreux en plus. Il a aussi construit des écoles pour les mêmes enfants.

Je n'ai jamais aimé quelqu'un comme lui. »

« … fondateur de SOS Villages d'Enfants »

Balla Tamara (12 ans) Mali – Sanakoroba

je lui est dessiné parceque Hermann est un homme bien; il s'occupe des enfants qui n'ont pas de moyen comme les enfants des aveugle des enfants orphelins, abandonnés

Félicitations aux jeunes écrivains qui ont décrit de manière charmante et pleine de cœur comme d'intelligence leurs « héros de bonté ». Oui, le monde est plein de ces « héros » inconnus qui œuvrent pour faire jaillir autour d'eux la joie.

Nous sommes tous capables, là où nous sommes, d'être des détonateurs de bonté, de rendre mille petits services qui allègent la vie, d'offrir notre plus chaud sourire qui, comme un rayon de soleil, chasse l'ombre et le froid.

Yalla jeunesse, en avant, engage-toi !

Sœur Emmanuelle

Nous remercions de tout cœur

Sœur Emmanuelle

ASMAE – Association Sœur Emmanuelle

SOS – Villages d'Enfants

Éveil & Jeux et Fnac Junior

qui ont permis de récolter

tous ces témoignages d'enfants.

HISTOIRE DE SOS VILLAGES D'ENFANTS

« Village SOS »

Michel Razafindralambo (12 ans) Madagascar – Vontovorona

Au lendemain de la Seconde Guerre mondiale, touché par la misère des orphelins de guerre et des enfants abandonnés, convaincu qu'aucune aide ne peut être efficace si un enfant grandit hors d'un encadrement familial, Hermann Gmeiner crée le premier village d'enfants SOS à Imst en Autriche en 1949.

En 1953, Gilbert Cotteau, instituteur français, vient visiter le village. Trois ans plus tard, il crée l'association française *SOS Villages d'Enfants* pour construire un premier village d'enfants, à Busigny, dans le nord de la France. Aujourd'hui le treizième est en construction.

L'Allemagne et l'Italie à leur tour ouvriront de nouveaux villages.

En 1963, c'est la Corée qui appelle à l'aide pour ses enfants dans la misère. L'ensemble des associations européennes se tourne alors vers leurs amis en Europe et en Amérique, leur demandant un petit don pour les enfants coréens, contre un grain de riz – symbole de vie, de chance, de santé, de paix et de bien-être. Cette opération permet la construction du premier village d'enfants SOS à Daegu.

Ainsi, l'idée commence-t-elle à se développer dans le tiers monde. La fédération internationale *SOS Villages d'Enfants* est née et agit sous le nom de *SOS Kinderdorf International*.

Quand Hermann Gmeiner meurt en 1986, son œuvre est en plein essor. *«Je ne connais rien de mieux pour aider un enfant, que de lui donner une mère, des frères et sœurs, une maison et un village»*, aimait-il répéter. C'est sur ces principes que repose le concept pédagogique de *SOS Villages d'Enfants*. En un demi-siècle, cette idée n'a rien perdu de son actualité, elle a fait ses preuves dans toutes les cultures et a profondément réformé l'accueil des enfants abandonnés dans le monde entier.

Aujourd'hui, la fédération internationale regroupe 439 villages d'enfants SOS et plus de 1 000 structures complémentaires dans 131 pays et territoires sur les cinq continents. Environ 120 000 enfants et adolescents vivent dans ces lieux faits pour eux.

Anny Duperey, ayant elle-même perdu ses parents de manière dramatique dans sa petite enfance et ayant beaucoup souffert d'avoir ensuite été séparée de sa sœur, est marraine de l'association française *SOS Villages d'Enfants* depuis dix ans. Pour fêter ces dix années de fidélité, elle a la joie de présenter ce livre qui correspond à ce en quoi elle a toujours cru : la gentillesse.

SOS Villages d'Enfants

6, Cité Monthiers – 75009 Paris – Tél. 01.55.07.25.25

TABLE DES MATIÈRES

Pour en savoir plus
sur les Presses de la Renaissance
(catalogue complet, auteurs, titres,
extraits de livres, revues de presse,
débats, conférences...),
vous pouvez consulter notre site Internet :

www.presses-renaissance.fr

Maquette, photogravure : Nord Compo à Villeneuve d'Ascq, France.
Impression : Mame à Tours, France.